VENTE

Par suite du décès de Mlle V., artiste dramatique

HOTEL DROUOT, SALLES Nos 8 ET 9

Les Mardi 4, Mercredi 5, Jeudi 6, Vendredi 7 et Samedi 8 Décembre 1888

PERLES, DIAMANTS, BIJOUX

COLLIERS DE PERLES

ORFÈVRERIE, SCULPTURES

Porcelaines, Bronzes, Meubles

Tapisseries — Étoffes

LIVRES

TABLEAUX

ANCIENS ET MODERNES

EXPOSITIONS :

Particulière : **le Dimanche 2 Décembre 1888.**

Publique : **le Lundi 3 Décembre 1888.**

COMMISSAIRE-PRISEUR

Me Ernest GIRARD, 18, rue Notre-Dame-de-Lorette.

EXPERTS :

M. Charles MANNHEIM
7, rue Saint-Georges, 7.

MM. DEBUT et COULON
16, rue de la Paix, 16.

M. E. FÉRAL
54, Faubourg-Montmartre, 54.

M. MARTIN
19, boulevard Haussmann, 19.

IMPRIMERIE DE L'ART

CATALOGUE

DES

PERLES, DIAMANTS, BIJOUX

Colliers de Perles

ORFÈVRERIE — SCULPTURES

Porcelaines, Bronzes, Meubles, Tapisseries, Étoffes

LIVRES

TABLEAUX ANCIENS & MODERNES

DONT LA VENTE AURA LIEU

Par suite du décès de Mlle V., artiste dramatique

HOTEL DROUOT

SALLE N° 8

Les Mardi 4 et Mercredi 5 Décembre 1888

SALLE N° 9

Les Jeudi 6, Vendredi 7 et Samedi 8 Décembre 1888

A DEUX HEURES

Par le Ministère de Me **ERNEST GIRARD,** commissaire-priseur

18, rue Notre-Dame-de-Lorette, 18

Assisté de : **M. CHARLES MANNHEIM,** expert, 7, rue Saint-Georges

MM. DEBUT et **COULON**, joailliers, 16, rue de la Paix

M. FÉRAL, peintre-expert, 54, Faubourg-Montmartre

M. MARTIN, libraire, 19, boulevard Haussmann

EXPOSITIONS

PARTICULIÈRE	PUBLIQUE
Le Dimanche 2 Décembre 1888	**Le Lundi 3 Décembre 1888**

CONDITIONS DE LA VENTE

Elle sera faite au comptant.

Les adjudicataires payeront *cinq pour cent* en sus des enchères applicables aux frais.

L'exposition mettant le public à même de se rendre compte de l'état des objets, il ne sera admis aucune réclamation une fois l'adjudication prononcée.

Paris. — Imprimerie de l'Art. E. Ménard et Cie, 41, rue de la Victoire

ORDRE DES VACATIONS

SALLE N° 8

Les Mardi 4 et Mercredi 5 Décembre 1888.

Perles et Diamants, Bijoux	N°s 1 à 99

Le Jeudi 6 Décembre 1888.

Orfèvrerie	— 100 à 189

SALLE N° 9

Le Vendredi 7 Décembre 1888.

Livres.	— 328 à 346
Tableaux.	— 347 à 372
Sculptures	— 190 à 193
Faïences.	— 194 à 199
Porcelaines.	— 200 à 220
Objets variés	— 221 à 233

Le Samedi 8 Décembre 1888.

Objets variés	— 234 à 249
Meubles	— 250 à 275
Sièges.	— 276 à 288
Tapisseries, Tapis, Étoffes	— 289 à 327

DÉSIGNATION DES OBJETS

PERLES ET DIAMANTS

COLLIERS

1 — Collier composé de trois cent vingt et une perles fines.

2 — Autre collier composé de soixante-deux perles fines.

3 — Collier composé de cent perles fines.

4 — Quatre perles fines.

5 — Six attaches de collier (muguets), ornées chacune d'un brillant.

BOUTONS D'OREILLES

6 — Paire de boutons d'oreilles formés chacun d'une perle blanche et d'un brillant au cliquet.

7 — Paire de boutons d'oreilles formés chacun d'une perle blanche et d'une rose au cliquet.

8 — Paire de boutons d'oreilles composés chacun d'une perle noire entourée de huit brillants.

9 — Paire de boutons d'oreilles formés chacun d'un brillant solitaire monté en argent.

10 — Deux pendants d'oreilles formés chacun d'une feuille exécutée en roses. Sur l'une, une perle blanche; sur l'autre, une perle rose.

11 — Deux pendants d'oreilles en or mat.

BROCHES

12 — Broche formée d'un croissant composé de deux rangs de forts brillants et d'un rang de roses.

13 — Broche en forme de papillon, saphirs, perles et roses. Le corps est formé d'une perle.

14 — Autre broche, petit papillon monté de pierres de couleur et de roses. Le corps est également formé d'une perle.

15 — Petite broche formée d'un bouquet de fleurs exécuté en rubis, émeraudes et brillants.

16 — Broche formée d'un nœud en brillants.

17 — Broche de même forme, avec pendant perle poire grise.

18 — Broche formée d'une perle baroque, montée en guise de hotte contenant des fleurs exécutées à l'aide de perles de différentes nuances et de feuillages en roses.

19 — Broche de forme circulaire, avec cariatide de femme au centre, entourée d'ornements; le tout ciselé, repercé à jour et enrichi de roses.

20 — Broche, fer à cheval pavé de dix-sept brillants.

21 — Broche ornée d'un camée onyx, tête égyptienne, monture brillants et roses sur fond circulaire émaillé.

22 — Broche, abeille œil-de-chat du Cap, monture or, émail et roses.

23 — Broche en or mat, avec panier garni de perles de couleur.

24 — Broche ancienne, formée d'un oiseau et d'une branche de feuillage, le tout exécuté en roses et rubis.

25 — Broche ovale, en or, avec chiffre M V en demi-perles, entourage de perles entières.

BRACELETS

26 — Bracelet dont la plaque est ornée d'un saphir cabochon entouré de huit gros brillants; le corps formé d'une chaîne souple toute en brillants.

27 — Bracelet, chaîne forçat, d'or; la plaque, forme marquise, est ornée d'une émeraude et pavée de brillants.

28 — Bracelet formé d'une applique œil-de-chat, entourée de seize brillants. Le corps est formé d'une gourmette avec maillons or mat et roses.

29 — Bracelet jonc, orné de vingt et un brillants, corps or mat.

30 — Bracelet semblable à celui qui précède.

31 — Bracelet de même forme, orné de dix-neuf émeraudes.

32 — Bracelet composé d'une perle blanche et d'une perle noire de *qualité superbe;* le corps composé d'un fil tout en brillants.

33 — Bracelet composé de deux perles noires, le corps formant trois tours tout en brillants.

34 — Bracelet chaine forçat or mat avec applique, formée d'une perle grise entourée de sept brillants et sept saphirs.

35 — Bracelet jonc, orné d'une feuille pavée de roses avec perle noire.

36 — Bracelet tour de bras, brillants et roses.

37 — Bracelet composé d'un saphir et de deux brillants reliés par une chaine forçat or mat.

38 — Bracelet chaine forçat avec pierre de couleur.

39 — Bracelet semblable orné d'un brillant.

40 — Bracelet chaine gourmette avec médaillon d'or mat de forme ovale et chiffre en roses.

41 — Bracelet jonc large, or mat avec chiffre M. V. en roses.

42 — Bracelet, médaille saint Georges en or avec chaine gourmette or mat.

43 — Bracelet incomplet, formé de chaines avec entredeux, rubis et roses.

44 — Bracelet orné de sept brillants et feuilles brillants et roses.

BAGUES

45 — Bague forme marquise, pavée de vingt et un brillants.

46 — Bague, saphir entouré de douze brillants et monture garnie de deux brillants.

47 — Bague, émeraude entourée de douze brillants et monture garnie de deux brillants.

48 — Bague, perle blanche et monture ornée de huit brillants.

49 — Bague, turquoise ovale, monture ornée de six brillants.

50 — Bague ornée d'une perle, placée entre un brillant et un rubis.

51 — Bague jumelle, turquoise et brillants ; monture ornée de brillants et de roses.

52 — Bague, petit saphir entouré de douze brillants ; monture ornée de deux brillants.

53 — Bague, œil-de-chat, entouré de quatorze brillants.

54 — Bague formée d'une perle entourée de onze brillants.

55 — Bague formée d'un saphir entre deux brillants.

56 — Bague ornée d'une opale, entourée de quatorze brillants ; monture ornée de deux brillants.

57 — Bague ornée d'un brillant solitaire forme cœur.

58 — Bague ornée d'un brillant, monture or.

59 — Bague ornée de trois brillants, monture or.

60 — Bague ornée d'un brillant et de deux rubis. Monture en or martelé.

61 — Bague ornée d'un rubis et de deux brillants, corps plat en or.

62 — Trois bagues jonc ornées, l'une de cinq saphirs, la seconde de cinq émeraudes et la dernière de cinq rubis.

63 — Bague ancienne en roses ; sur le chaton de verre bleu un V également en roses.

64 — Bague marquise, ornée de roses et d'un cristal bleu. Époque Louis XVI.

65 — Bague turquoise cabochon, monture or.

MONTRES

66 — Châtelaine, gourmette or mat et roses, accompagnée d'une montre à remontoir en or avec double entourage et deux V en roses.

67 — Petite montre criméenne en or avec chiffre rapporté en relief.

68 — Petite montre en or à remontoir, chiffre composé de quatre V rubis et brillants.

69 — Montre du temps de Louis XVI en or émaillé violet, semé d'étoiles d'or et entourages feuillagés, émaillés en couleurs et demi-perles.

70 — Petite montre du temps de Louis XVI à quadrillages émaillés blanc et entourage formé d'un double rang de demi-perles.

BIJOUX DIVERS

71 — Porte-mine en or enrichi d'une double torsade de rubis et de brillants.

72 — Peigne orné de deux rangs de brillants.

73 — Peigne orné de trois rangs de demi-perles avec entredeux en roses.

74 — Agrafe de vêtement pavée de roses.

75 — Chaine de col en or mat, enrichie de neuf brillants et de neuf rubis.

76 — Pendant de col forme cœur à double face, entouré de roses et de rubis.

77 — Petit fermoir formé de deux huit en brillants.

78 — Petite chaine américaine, corde or mat.

79 — Chaine de col or mat, enrichie de six perles.

80 — Chaine sautoir, forçat or mat.

81 — Chaine analogue à celle qui précède.

82 — Chaine de col à quatre faces en or. Travail espagnol.

83 — Flacon de poche de style chinois, en or mat, orné d'un dragon en émail rouge, avec saphir cabochon sur le bouchon.

84 — Petite boite à mouches en or gravé et guilloché.

85 — Petite boite à poudre en or guilloché et portrait de femme peint sur émail, sur le couvercle.

86 — Médaillon ovale en or, avec chiffre, deux V enlacés.

A l'intérieur, un rat gravé et inscription : *Siège de Paris, 1871.*

87 — Médaillon carré en cristal de roche, avec cadre orné de roses. Époque Louis XVI.

88 — Médaillon ovale entouré d'ornements à jour, enrichis de roses.

89 — Glace de poche en or mat ; le fermoir orné d'un saphir et de roses.

90 — Deux boutons de chemise en or mat.

91 — Sept petites épingles perles.

92 — Cachet de bureau en argent doré, enrichi de pierreries et de demi-perles.

93 — Quatre boucles en stras, variées de formes et de dimensions.

94 — Éventail Louis XV, en ivoire sculpté et feuille peinte.

95 — Miroir à main, avec monture en argent et pierreries.

96 — Petit miroir de toilette, de forme contournée, avec cadre en argent.

97 — Coffret oblong ou boite à thé, en argent gravé, doré à l'intérieur. Travail russe.

98 — Petite veilleuse en argent, avec étui en maroquin doré au fer et garni en argent.

99 — Ombrelle avec manche orné d'un petit groupe de jade, reperçé à jour et monté en or.

ORFÈVRERIE

100 — Beau pot à eau et sa cuvette oblongue, en argent ciselé, du temps de Louis XV. Les deux pièces sont décorées d'ornements rocaille, de festons de fleurs et de roseaux. Le goulot du pot est orné d'une tête de fleuve.

101 — Très petite cafetière Louis XV en argent, modèle à côtes en spirale, ornements rocaille et manche en bois.

102 — Cafetière analogue à celle qui précède. L'anse de celle-ci est en argent.

103 — Écritoire à deux godets, sur plateau oblong, à contours; le tout en argent.

104 — Petite saucière à deux anses, en argent ciselé, décorée de branches de feuillages gravées; elle est accomgnée d'un plateau.

105 — Deux autres petites saucières à trois pieds, en argent uni. Travail anglais.

106 — Grande buire en argent repoussé et ciselé, sur base

carrée, couverte d'ornements en relief et présentant, sur sa face, les armes de Russie. L'anse est surmontée d'un petit cheval qui se cabre, et d'une figurine d'Arabe.

107 — Deux flambeaux modèle rocaille, à fleurs en relief. XVIIIe siècle.

108 — Grand pot à eau et sa cuvette oblongue, en argent, décorés d'ornements rocaille en relief. Style Louis XV. Travail russe.

109 — Grande coupe ovale en argent, décorée d'ornements rocaille en relief et gravés.

110 — Porte-huilier du temps de Louis XVI, en argent, modèle bateau, enrichi de branches de vigne et de laurier ciselées. Il est accompagné de ses burettes en verre taillé et doré.

111 — Sucrier en forme de vase, en argent repoussé et gravé, à deux anses. Le couvercle est surmonté d'un groupe de trois fraises. Un des poinçons porte la date de 1782.

112 — Cafetière en argent reposant sur trois pieds, décorée d'ornements rocaille et de branches de feuillages en relief. Manche en bois.

113 — Sucrier oblong à deux anses et à quatre pieds bas, en argent ciselé, modèle à côtes et ornements rocaille. Le couvercle est surmonté d'une figurine d'enfant assis sur un dauphin. La pièce porte des armoiries gravées.

114 — Deux saucières en argent repoussé reposant sur trois pieds et à une anse, décorées d'ornements et de fleurs en relief et gravés. Travail anglais ancien.

115 — Corbeille oblongue à deux anses en argent découpé à jour, composée d'ornements feuillagés et de figurines d'amours. Les quatre pieds sont surmontés de têtes de boucs. Style Louis XVI.

116 — Deux cornets en verre bleu sur pieds en argent, de même travail que la corbeille qui précède.

117 — Boite ovale en argent repoussé à groupes et festons de fruits reliés par des rubans. Le couvercle est surmonté d'un groupe de fruits. Époque Louis XIII

118 — Petite boite ronde de même travail. Le couvercle représente une scène tirée de la légende de Guillaume Tell.

119 — Boite ronde en argent repoussé à festons de fruits reliés par des rubans. Le bouton du couvercle est formé d'un groupe de fruits.

120 — Petit hanap à une anse en argent repoussé à ornements rocaille et doré. Il repose sur trois boules unies. Travail allemand du XVIIIe siècle.

121 — Deux gobelets à panse sphéroïdale et pied cylindrique, en argent repoussé à ornements et médaillons de paysages. Mêmes travail et époque.

122 — Coffret oblong à couvercle bombé, en argent gravé à

ornements, oiseaux, paysages et personnages. Les quatre pieds sont formés de dragons.

123 — Théière de forme sphérique surbaissée, en argent martelé et gravé, de style japonais.

124 — Coquetier en argent sur pied à balustre et à contours.

125 — Deux petits gobelets en argent décorés de guirlandes de fleurs et de feuilles ciselées.

126 — Petite cafetière, modèle à côtes, en argent, reposant sur trois pieds en volutes.

127 — Cafetière de même forme que celle qui précède, mais unie.

128 — Autre cafetière unie, mais sans pieds.

129 — Gobelet en argent martelé, décoré d'un coq debout sur un ruban.

130 — Petite corbeille ronde en argent découpé et reposant sur trois pieds bas composés d'ornements rocaille.

131 — Deux flambeaux bas en argent, décorés d'ornements exécutés à la molette.

132 — Petit plateau oblong à contours en argent, portant au centre des armoiries gravées.

133 — Encrier ovale en argent, à frise ajourée décorée de

figurines d'amours et de branches de fleurs. Il a son double fond en verre bleu. Style Louis XVI.

134 — Pot à crème en argent ciselé à festons de fruits et de rubans. Le culot de la panse est godronné.

135 — Deux flambeaux bas en argent, sur pieds lobés décorés de têtes de chérubins et de groupes de fruits.

136 — Deux petites coupes ovales en argent à bords dentelés et décorées au fond d'ornements rocaille en relief.

137 — Deux cadres en argent à ornements découpés à jour et pointes diamantées.

138 — Coffret oblong en filigrane d'argent. Le moraillon manque.

139 — Petit coffret oblong en bois, garni d'ornements en argent gravé. Époque Louis XIII.

140 — Deux porte-cure-dents de forme hexagone, en argent gravé et découpé à jour, en deux dimensions.

141 — Cuillère russe en argent doré, et décorée de parties émaillées en relief.

142 — Petit plateau ovale en argent guilloché et doré, avec chiffre au centre.

143 — Buire en cristal pour liqueur, garnie en argent.

144 — Autre buire en cristal, garnie en argent. Travail anglais.

145 — Gobelet en vermeil de forme ovoïde. L'extérieur est couvert d'un vernis rouge.

146 — Bol en ancienne porcelaine de Chine, garni en argent.

147 — Deux couverts en argent à manches ornés de cariatides.

148 — Cuillère à fruits en argent découpé à jour et manche en bois.

149 — Beurrier en forme de boîte sphérique, en argent guilloché. Travail russe.

150 — Cafetière en argent guilloché.

151 — Corbeille à fruits de forme ronde et à bords festonnés, en argent. Elle est dorée à l'intérieur.

152 — Coupe ovale à deux anses coquilles, en argent gravé à ornements de style Louis XVI. Cette pièce porte le poinçon de la maison Odiot.

153 — Petit plat rond et creux, modèle à côtes et bord à godrons. Époque Louis XV.

154 — Six assiettes en argent. Travail russe.

155 — Petit plat rond en argent, bordé d'une moulure.

156 — Plat rond à bords festonnés et à moulure.

157 — Plat oblong de même travail.

158 — Grand plateau oblong à deux anses formées de branchages.

159 — Vingt-quatre couverts et une louche en argent guilloché et chiffre V. V. rapporté en or en relief.

160 — Onze couverts à entremets de même modèle.

161 — Douze cuillères à café également de même modèle.

162 — Service à hors-d'œuvre de même modèle.

163 — Services à poisson et à asperges (quatre pièces) en argent et ivoire.

164 — Légumier de style Louis XVI à deux anses ornées, en argent repoussé et ciselé. Il est accompagné d'un double fond et d'un plat à contours.

165 — Soupière ronde à côtes et à deux anses, du temps de Louis XVI. Le bouton du couvercle est formé de deux grenades.

166 — Écuelle Louis XVI en argent, à deux anses plates, ornées et découpées à jour. Le bouton du couvercle est formé d'une grenade.

167 — Petite écuelle du temps de l'Empire en argent, à deux anses ornées de têtes de lion et le couvercle surmonté d'une graine.

168 — Légumier ou soupière de forme ronde, en argent, à anses formées de mascarons têtes de femmes et bouton du couvercle composé de deux têtes accolées.

169 — Deux salières ovales en argent, ornées de médaillons-bustes d'hommes en relief et festons de laurier.

170 — Deux porte-fleurs en forme de gobelet, en argent martelé et branches en relief dorées.

171 — Six petites cuillères à sucre en argent. Travail hollandais.

172 — Douze petites cuillères à café en argent doré et émaillé. Travail russe.

173 — Six dessous de carafe en argent de chez Touron. Les bords sont à moulures et ornements rocaille.

174 — Plat carré à moulures et angles arrondis et rentrants.

175 — Deux plats ronds à contours et à filets, en deux dimensions.

176 — Deux plats ronds à bords molettés en argent.

177 — Deux plats ronds à filets en argent, avec chiffre V.V. rapporté en or.

178 — Plat ovale de même modèle et portant le même chiffre.

179 — Déjeuner en argent, composé de quatre pièces et d'un plateau ovale en bois et en argent.

180 — Deux cuillères à sauce en argent, modèle à filets.

***

181 — Moutardier et quatre salières du temps de l'Empire, en argent.

181 *bis.* — Six porte-couteaux en argent.

182 — Service à melon, composé de douze fourchettes et de douze couteaux en argent à manches d'ivoire.

183 — Vingt-quatre couteaux à dessert à manches de nacre et lames d'acier et de vermeil.

184 — Quatre flacons carrés en cristal, garnis en vermeil guilloché.

185 — Ciseaux à raisin en vermeil, ornés de branches de vigne.

PLAQUÉ

186 — Deux seaux à champagne en plaqué, décorés d'ornements rocaille et de feuillages en relief.

187 — Réchaud de style Louis XVI, en cuivre argenté. Cette pièce forme jardinière pour milieu de table.

188 — Deux girandoles en cuivre argenté, à sept lumières chacune.

189 — Plateau oblong et à contours, à deux anses, en plaqué.

SCULPTURES

190 — Terre cuite. Buste de Voltaire, grandeur nature, sur piédouche en marbre bleu turquin.

191 — Ivoire. Groupe : le Christ en croix entre les deux larrons. Dans la partie inférieure, bas-relief représentant un groupe de saintes femmes et saint Jean.

192 — Marbre blanc. Statuette : la Baigneuse, d'après Allegrain.

193 — Marbre blanc. Le Printemps. Buste, par Carrier-Belleuse.

FAIENCES

194 — Deux compotiers en vieux Rouen, décor *à la corne*.

195 — Bannette de même faïence et de même décor.

196 — Saladier en vieux Rouen, décor polychrome à fleurs, rochers et oiseaux.

197 — Grand plat rond à bords festonnés, en ancienne faïence de Rouen, décor polychrome. Au centre, des armoiries; au marli, ornements et fleurs.

198 — Plat rond en faïence du Midi, décor polychrome. Au centre, deux paysans dansant; au marli, ornements fleuronnés.

199 — Jardinière-applique de forme cintrée, en faïence de Lorraine, décorée de fleurs polychromes.

PORCELAINES

200 — Deux jolies petites jardinières carrées, en ancienne porcelaine de Saxe, à ornements gaufrés et décorées de jetées de fleurs.

201 — Deux petits bols en porcelaine de Chine, fond jaune et fond rose gravé, décorés de fleurs, sur pieds rocaille en bronze doré.

202 — Deux chimères assises, en céladon bleu turquoise et montées sur pieds rocaille en bronze doré.

203 — Rocher formant pitong, en céladon bleu turquoise, monté en bronze doré.

204 — Deux petits vases en forme de balustre aplati, en ancienne porcelaine de Chine ; décor dit à Mandarins.

205 — Deux petits vases en forme de balustre, en porcelaine de Chine émaillée bleu uni, et garnis d'une monture de style Louis XVI, en bronze doré.

206 — Vase en céladon bleu turquoise, de forme ovoïde allongée, monté en lampe en bronze doré.

207 — Vase en forme de balustre, à pans et à deux anses, en ancienne porcelaine de Chine, à décor d'or.

208 — Compotier en vieux Chine, décoré de bandes bleu clair, de fleurs et d'attributs en couleurs.

209 — Deux assiettes en vieux Chine. Au centre, bouquets de fleurs en rouge de fer et bordure à fond vert.

210 — Assiette en vieux Chine, à décor au trait, représentant la Crèche.

211 — Trois compotiers en vieux Japon, en deux dimensions.

212 — Jardinière, forme boule, en porcelaine du Japon, à décor bleu.

213 — Deux perroquets sur rochers, en porcelaine moderne, de Saxe.

214 — Plat ovale à bords festonnés, en vieux Chine, décoré de fleurs et d'oiseaux.

215 — Diverses tasses en porcelaine d'Allemagne et autres.

216 — Deux bols à côtes, en ancienne porcelaine du Japon

217 — Deux petits vases en vieux Saxe, décorés d'oiseaux et à fleurs et fruits rapportés en relief.

218 — Grande vasque en ancienne porcelaine de Chine, décorée de paysages et enrichie d'animaux en relief.

219 — Deux potiches en vieux Chine, à décor bleu à personnages.

220 — Deux autres, décorées d'ornements aussi en camaïeu bleu.

OBJETS VARIÉS

221 — Brûle-parfums oblong, à couvercle en bronze taché d'or. Ancien travail chinois.

222 — Coffret persan, de forme oblongue, en bois laqué incrusté de turquoises.

223 — Petite coupe en jade gris, avec branches de fleurs prises dans la masse.

224 — Deux vases en bronze simulant l'osier, avec branchages et grenouilles en relief. Travail japonais.

225 — Petit vase en forme de balustre, en bronze, à fleurs en relief dorées.

226 — Deux petites bouteilles en émail cloisonné de la Chine.

227 — Coffret oblong et presse-papier en malachite.

228 — Deux divinités égyptiennes en terre, l'une d'elles émaillée bleu turquoise.

229 — Deux lampes modérateurs, montées dans des bouteilles en émail cloisonné de la Chine.

230 — Vase de forme surbaissée, à deux anses, en bronze enrichi d'appliques dorées en partie. Travail japonais.

231 — Jardinière oblongue, à quatre lobes, en émail cloisonné de la Chine, à fleurs sur fond noir, montée en bronze.

232 — Vitrail suisse, portant la date de 1550, à armoiries et figures de guerriers.

233 — Pendule Louis XVI, en bronze doré, à deux figures dont celle de Henri IV. Socle en marbre blanc.

234 — Garniture de trois pièces en bronze et dorure et avec socles en porphyre oriental rouge. La pendule est formée d'une figurine d'amour battant la caisse et jouant de la flûte ; les candélabres sont formés d'une figurine tenant deux branches de fleurs porte-lumières.

235 — Deux beaux flambeaux, modèle rocaille, en bronze doré.

236 — Deux autres flambeaux analogues, mais plus petits.

237 — Deux flambeaux de style Louis XIV, en cuivre argenté.

238 — Deux paires de flambeaux style Louis XVI, en cuivre argenté.

239 — Deux flambeaux de style Louis XVI, en cuivre doré, amours debout tenant une branche de rose.

240 — Écritoire formant bougeoir à deux lumières, avec plateau en laque et monture rocaille en bronze doré.

241 — Bougeoir formé d'un dauphin en bronze sur plateau rond en bronze doré.

242 — Presse-papier en bronze, par E. Fremiet : la Chatte et ses Petits.

243 — Deux chenets, modèle rocaille, en bronze doré à figures de Chinois. Style Louis XV.

244 — Petite pendule Louis XVI, en forme de temple, en bronze doré au mat et marbre blanc.

245 — Deux flambeaux de style Louis XVI, en bronze doré et marbre blanc.

246 — Pendule Louis XVI en bronze doré : le Duel des poètes, surmontée d'un thermomètre sur socle en marbre blanc.

247 — Cadran de baromètre émaillé et encadré de bronze doré.

248 — Deux petites appliques à une lumière, en bronze doré, à trophées d'armes en bronze doré.

249 — Deux chenets style Louis XIV : le Singe et le Chat.

MEUBLES

250 — Deux encoignures du temps de Louis XV, fermant à deux portes, en marqueterie de bois à quadrillages, garnies de bronze rocaille et à dessus de marbre brèche d'Alep.

251 — Banquette en bois sculpté avec appuie-bras ornés de têtes chimériques.

252 — Porte-manteaux et porte-parapluies en bois de chêne sculpté, de style Renaissance.

253 — Dressoir en bois sculpté, de style Renaissance. Il ferme à trois portes avec tiroirs au-dessus et il est surmonté de deux tablettes supportées par des colonnettes et des arcatures.

254 — Meuble analogue à celui qui précède, mais plus petit.

255 — Meuble de même style, avec pilastres et ornements sculptés.

256 — Petit meuble flamand à deux corps, en bois de chêne, orné de demi-colonnes ioniques.

257 — Table carrée à rallonges, de style Renaissance.

258 — Pendule du temps de Louis XIV, en marqueterie d'écaille et de cuivre, garnie de bronzes dorés. Elle est surmontée d'une statuette de Renommée, et elle est accompagnée d'un socle-applique de même travail.

259 — Deux miroirs-appliques avec cadres en bois sculpté et doré, et branches porte-lumières en bronze.

260 — Petite glace avec cadre en bois sculpté et doré, composé d'ornements rocaille et de fleurs.

261 — Console de style Louis XV, en bois sculpté et doré, à dessus de marbre blanc.

262 — Deux colonnettes en marbre griotte, avec montures en bronze doré.

263 — Table à ouvrage de style Louis XVI, en bois d'acajou, garnie de bronze doré, et à dessus de marbre brocatelle.

264 — Table-toilette en marqueterie de bois à fleurs sur fond bois de rose. Époque Louis XVI.

265 — Petite table de style Louis XVI, en acajou ronceux, garnie de bronzes dorés, et à dessus de marbre.

266 — Psyché en acajou et moulures de cuivre. Style Louis XVI.

267 — Armoire normande du temps de Louis XVI, en bois de chêne sculpté et portes vitrées.

268 — Table ronde à quatre pieds cannelés, en bois d'acajou et à dessus de marbre.

269 — Petit meuble d'entredeux du temps de Louis XV, de forme contournée, fermant à une porte, en bois de pla-

cage, garni d'ornements en bronze doré, et à dessus de marbre brèche.

270 — Coffre-fort de Fichet.

271 — Grand meuble en marqueterie hollandaise, le bas fermant à tiroir et le haut formant vitrine.

272 — Table du temps de Louis XV, en bois sculpté, à angles coupés, et décorée d'ornements rocaille.

273 — Jolie petite table Louis XV formant bureau, en marqueterie de bois, et garnie de bronzes. Collection de Salverte.

274 — Petit bureau à cylindre de style Louis XVI, en acajou et bois d'Amboine, garni de bronzes dorés.

275 — Gaine en marbre de rapport.

SIÈGES

276 — Deux grands fauteuils style Louis XIII, en bois sculpté, couverts de velours ponceau décoré d'applications et de broderies en soie de couleur.

277 — Beau fauteuil du temps de Louis XIV, en bois sculpté et doré et foncé en canne. Il provient de la collection de Salverte.

278 — Deux grandes chaises portugaises garnies en cuir gravé.

279 — Petit canapé couvert d'étoffe brodée.

280 — Canapé de style Louis XV, en bois doré, couvert d'étoffe ancienne à fleurs.

281 — Chaise basse couverte en satin blanc brodé à fleurs.

282 — Tabouret de piano en bois sculpté, couvert d'une tapisserie représentant le sujet de la fable : *le Renard et la Cigogne*.

283 — Deux chaises modèle lyre, de style Louis XVI, en bois de noyer, couvertes de tapisseries anciennes : animaux et fleurs.

284 — Deux autres de même style, en acajou, couvertes de velours ciselé.

285 — Pouf carré couvert d'un tapis de soie crème, brodé de fleurs et de papillons en camaïeu bleu.

286 — Divan couvert de drap vert brodé. Il est accompagné d'un coussin.

287 — Petit canapé de style Régence en bois sculpté, rehaussé de dorure, couvert d'étoffe de soie à fond bleu clair et dessin blanc.

288 — Bergère de même travail, couverte de soie crème brochée à fleurs.

TAPISSERIES, TAPIS, ÉTOFFES

289 — Grande tapisserie verdure, avec château et large bordure de fleurs, ornements et mascarons.

290 à 293 — Quatre tapisseries verdures, avec encadrements de fleurs et de fruits.

294 — Très grande tapisserie, armoiries de la famille des Chigi sur fond de paysage, et, à la partie supérieure, groupes de fruits soutenus par des génies.

295 — Deux coussins garnis de tapisseries de Beauvais à fleurs sur fond blanc.

296 — Coussin en velours de Gênes ponceau ton sur ton.

297 — Deux coussins enrichis de broderies et d'applications.

298 — Feuille d'écran en tapisserie au point du temps de Louis XIV.

299 — Lambrequin de même travail.

300 — Cinq bandes pour croisées garnies de broderies au point.

301 — Paravent formé d'une tapisserie de Flandres, à sujet Teniers.

302 — Petit panneau de tapisserie représentant une servante portant une volaille sur un plat.

303 — Jupe en soie violette à fleurs tissées en argent doré.

304 — Deux petits carrés de soie rose brodée d'or.

305 — Fragment de robe d'étoffe de soie brochée : fleurs sur fond crème.

306 — Chasuble composée de bandes de velours violacé sur fond jaune.

307 — Tapis de table brodé au point de Hongrie.

308 — Tapis en velours ponceau, bordé en soie de couleur et d'or, encadré de peluche verte.

309 — Tapis de table en peluche verte, bordé de soie jaune brodée à fleurs en soie de couleur.

310 — Tapis en soie bleu clair, enrichi d'applications de guipure de Venise.

311 — Tapis en toile brodée en soie de couleur. Travail portugais.

312 — Lot de fragments d'étoffe Louis XIV à fond jaune et tissé d'argent.

313 — Six petites serviettes orientales brodées à leurs extrémités.

314 — Longue bande orientale à dessin en relief sur toile.

315 — Deux coussins en peluche et tapisseries au point.

316 — Lot de guipures diverses.

317 à 327 — Onze carpettes d'Orient qui seront vendues séparément.

LIVRES

328 — **Augier (E.).** Théâtre complet. *Paris, Lévy*, 1876, 6 vol. in-12, demi-rel. chag.

329 — **Bachaumont.** Mémoires secrets de 1762 à 1787. *Paris*, 1830, 4 vol. in-8°, demi-rel.

330 — **Balzac.** Contes drolatiques. *Paris, Société de Librairie*, 1855, in-8°, demi-rel. mar. *Fig. de G. Doré.*

331 — **Byron (Lord).** Œuvres complètes, trad. par B. Laroche. *Paris, Hachette*, 1873, 4 vol. in-12, demi-rel. mar. bl.

332 — **Choderlos de Laclos.** Les Liaisons dangereuses. *Paris.* 1820, 4 vol. in-18, mar. rouge, fil., tr. dor. *Fig.*

333 — **Dumas fils (A.).** Théâtre. *Paris, Lévy*, 1872, 4 vol. in-12, demi-rel. v. fauve.

334 — **Hugo (V.).** Œuvres. *Paris, Houssiaux*, 1864, 35 vol. in-8°, demi-rel. chag. rouge. *Fig.*

335 — **Labé (Louize)**, Lionnoise. Œuvres. *Lyon, Perrin*, 1824, in-8°, demi-rel. mar., non rogné.

336 — **La Borde.** Choix de chansons mises en musique. *Paris, de Lormel*, 1773, in-8°, v., tr. dor. *Portrait par Denon et figures de Moreau (tome Ier).*

337 — **La Fontaine.** Fables choisies mises en vers. *Paris, Desaint et Saillant*, 1755, 4 vol. in-fol., v., tr. dor. *Figures d'Oudry.*

338 — **Larousse.** Grand Dictionnaire du XIXe siècle. *Paris*, 16 vol. in-4°, demi-rel.

339 — **Livre des Sonnets.** *Paris, Lemerre*, 1875, pet. in-12, mar. rouge, tr. dor. *Frontispice à l'eau-forte.*

340 — **Louvet de Couvray.** Les Aventures du chevalier de Faublas. *Paris, Mallet*, 1842, 2 vol. gr. in-8°, demi-rel. chag. *Illustr. de Nanteuil, Baron et Français.*

341 — **Molière.** Œuvres complètes, revues sur les textes originaux par Ad. Regnier. *Paris, Imprimerie nationale*, 1878, 5 vol. in-4°, demi-rel. mar. br., coins, tête dorée, n. rog.

342 — **Racine.** Théâtre. *Tours, Mame*, 1876, 2 vol. gr. in-8°, demi-rel. mar. bleu, coins, tête dorée, n. rog. *Eaux-fortes de Foulquier.*

343 — **Sainte-Beuve.** Causeries du lundi, 9 vol. — Portraits contemporains et littéraires, 6 vol. Ens. 15 vol. in-12, demi-rel.

344 — **Schiller.** Œuvres, trad. par A. Regnier. *Paris, Hachette*, 1868, 8 vol. in-8°, demi-rel. mar. bleu., n. rog. *Portr.*

345 — **Scribe (Eug.).** Œuvres complètes. *Paris, Dentu*, 1875, 31 vol. in-12, demi-rel. chag. rouge.

346 — **Tressan** (le comte de). Œuvres. *Paris*, 1787, 12 vol. in-8°, mar. bleu, tr. dor. *Fig. de Marillier.*

TABLEAUX

ANCIENS & MODERNES

ABBEMA

(LOUISE)

347 — *Cygnes sur un lac.*

Panneau décoratif.

BOUCHER

(Attribué à F.)

348 — *Le Petit Pêcheur à la ligne.*

Dessin au crayon noir rehaussé de blanc.

BREUGHEL

349 — *Scènes villageoises.*

Deux pendants.

CAMPI

350 — *Page dans un palais vénitien.*

COCK
(CÉSAR DE)

351 — *Le Moulin*

DE HEEM
(Genre de DAVID)

352 — *Pêches, raisins et objets divers.*

Deux pendants.

KAODMZ
(M. K.) 1874.

353 — *Vaches à l'abreuvoir.*

KAODMZ
(M. K.)

354 — *La Lisière d'un bois.*

KOEKKOEK

355 — *Marine avec bateaux à voiles.*

LESOURD DE BEAUREGARD

356 — *Pie défendant son nid contre un écureuil.*

MIERIS

(Attribué à W.)

357 — *Jeune Femme à une fenêtre entourée de plantes grimpantes où sont perchés une multitude d'oiseaux.*

MINET

(E.)

358 — *Bouquet de fleurs des champs.*

NATOIRE

(C.)

359 — *Angélique et Médor.*

NETSCHER

(Attribué à C.)

360 — *Famille hollandaise dans un paysage.*

La mère, assise sur la droite, prend des fleurs dans une corbeille que lui présente sa petite fille ; à gauche, le père, debout, en costume de chasse, entouré de ses chiens.

SCHWEICKHARDT

(H. W.)

361 — *Maisons et personnages au bord d'une rivière hollandaise.*

SWEBACH

362 — *Villageois et chevaux au bord d'une rivière.*

TCHOUMAKOFF

(TH.)

363 — *Buste de jeune fille.*

TRÉMOLLIÈRE

364 — *Vénus désarmant l'Amour.*

La déesse, assise sur des nuages, tient l'arc et le carquois que l'Amour cherche à reprendre.

Charmant petit tableau digne de F. Boucher.

Signé en toutes lettres.

TROOST

(C.)

365 — *Hercule et Omphale.*

La déesse est assise, se regardant dans une glace que soutiennent de petits amours. Dans le bas de la composition, une balustrade de marbre sur laquelle s'appuient d'autres amours tenant des oiseaux ou des fruits.

Gracieux panneau décoratif, signé et daté 1727.

Provenant de la collection Lafaulotte.

VALLÉE

(ÉT.)

366 — *Les Bords de l'Oise.*

VAN OS

367 — *Fruits et gibier posés sur une console de pierre.*

WYNANTS

(JAN)

368 — *Paysage.*

Au premier plan, un chemin sinueux ; au bord, un vieux chêne à tronc noueux à demi renversé ; au second plan, un voyageur causant avec une femme assise et allaitant son enfant. Plus loin, un cavalier. Sur la gauche, vers le fond, des paysans coupent le blé et le mettent en gerbe.

W. S.

369 — *Enfants jouant avec des chèvres.*

370 — *Enfants tenant une corbeille de raisins.*

ÉCOLE FRANÇAISE

371 — *Portrait allégorique de jeune femme figurant l'Aurore.*

ÉCOLE HOLLANDAISE

372 — *La Querelle.*

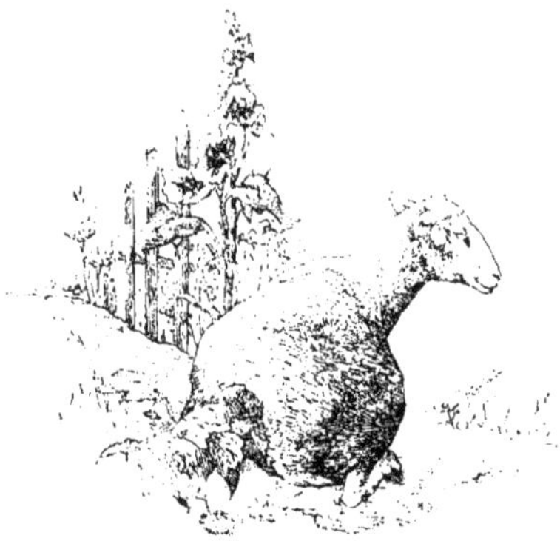

www.ingramcontent.com/pod-product-compliance
Ingram Content Group UK Ltd.
Pitfield, Milton Keynes, MK11 3LW, UK
UKHW032011260826
14628UKWH00005B/2428

9 782329 542430